Sicurezza Mobile e Protezione delle Applicazioni

Come mantenere il tuo smartphone, le tue applicazioni e i tuoi messaggi al sicuro dagli intrusi digitali

Di Joe Correa

Pubblicato da Live Stronger Faster

Prima edizione

Indice dei Contenuti

Introduzione

Nell'era digitale, il tuo smartphone non è solo un telefono. È la tua fotocamera, il tuo portafoglio, il tuo centro di messaggistica, la tua guida di viaggio, il tuo monitor della salute e il punto di accesso a quasi ogni dettaglio della tua vita personale e professionale. Questo lo rende uno dei bersagli più attraenti per criminali informatici, raccoglitori di dati e applicazioni invasive. E mentre la maggior parte delle persone chiude a chiave la porta di casa prima di uscire, raramente applica lo stesso livello di attenzione alla sicurezza al dispositivo che utilizza di più.

Questo libro è la tua guida completa per proteggere la tua vita digitale mobile. Che tu utilizzi un iPhone, un Android o un tablet, questo libro ti offre un quadro chiaro e facile da seguire per proteggere il tuo dispositivo, le tue applicazioni e i tuoi dati—senza bisogno di essere un esperto di tecnologia. Analizzeremo le impostazioni, le funzionalità e gli strumenti essenziali che possono ridurre drasticamente la tua vulnerabilità, dalla crittografia ai permessi delle app, fino alla messaggistica sicura e alle VPN mobili.

Metteremo anche in luce alcune delle minacce più grandi di cui la maggior parte delle persone non è nemmeno consapevole—come le app false, l'eccesso di autorizzazioni, gli attacchi tramite Bluetooth, il tracciamento della posizione e i rischi nascosti del Wi-Fi gratuito. Ogni capitolo è ricco di scenari reali, consigli di esperti e strumenti di sicurezza aggiornati che puoi iniziare a utilizzare immediatamente.

Alla fine di questo libro, capirai come avvengono gli attacchi mobili, come riconoscere i segnali di allarme e, soprattutto, come prevenirli. Imparerai a proteggere i tuoi messaggi, salvaguardare documenti sensibili, evitare le trappole più comuni e riprendere il controllo della tua privacy digitale.

Che tu sia un genitore, un viaggiatore, un imprenditore, un libero professionista, uno studente o semplicemente qualcuno che vive sempre in movimento, questo libro ti darà la sicurezza e le competenze per proteggere il tuo mondo digitale—anche negli ambienti più connessi.

Iniziamo con il Capitolo 1: I veri pericoli del crimine informatico mobile—e perché proteggere il tuo smartphone è importante quanto chiudere a chiave la porta di casa.

Capitolo 1: I veri pericoli del crimine informatico mobile

La maggior parte delle persone porta tutta la propria vita in tasca—ma pochi comprendono davvero i rischi che questo comporta. Lo smartphone è diventato un'estensione del cervello umano: conserva password, foto personali, conversazioni, app finanziarie, dati sanitari, cronologia delle posizioni e persino identificatori biometrici come impronte digitali e riconoscimento facciale. Questo rende i dispositivi mobili il bersaglio più desiderabile per criminali informatici, ladri d'identità e spie digitali. Ma la minaccia non riguarda solo hacker nascosti in una stanza buia che scrivono codice. I pericoli più seri sono spesso legali, invisibili e integrati direttamente nelle app che utilizziamo ogni giorno.

Partiamo da una verità fondamentale: il tuo telefono trasmette costantemente dati. Che si tratti di posizione GPS, segnali Bluetooth, richieste Wi-Fi o ID pubblicitari mobili, il tuo dispositivo comunica continuamente con reti, antenne e dispositivi vicini. Questo flusso di dati può essere raccolto, archiviato, analizzato e venduto da sviluppatori di app, inserzionisti o attori malintenzionati. Molte persone non si rendono conto che anche app "gratuite" come torce o meteo possono contenere spyware in grado di raccogliere contatti, input del microfono o abitudini di utilizzo—senza destare sospetti.

Uno dei pericoli più comuni e meno segnalati è il cosiddetto "permission creep"—una situazione in cui un'app inizialmente richiede accesso a funzioni di base (come posizione o foto), ma nel tempo accumula autorizzazioni sempre più invasive. Ad esempio, una semplice app per prendere appunti potrebbe improvvisamente richiedere accesso al microfono, al calendario o alla fotocamera. La maggior parte degli utenti tocca "Consenti" senza comprendere le conseguenze. Queste autorizzazioni possono essere sfruttate per intercettare conversazioni, scattare foto o accedere a file sensibili in background.

C'è poi la minaccia delle app false—software dannosi mascherati da applicazioni legittime. Sono particolarmente comuni negli store di terze parti o nei paesi dove Android è dominante. Un'app bancaria falsa, ad esempio, può sembrare identica a quella reale, ma invece di aiutarti ad accedere, raccoglie le tue credenziali. Una volta installate, queste app possono operare in modalità invisibile, intercettando codici di autenticazione a due fattori, leggendo messaggi e inviando dati privati a un server controllato da un attaccante.

Il Wi-Fi pubblico rappresenta un altro enorme rischio. Gli attacchi "man-in-the-middle" sono un tipo di attacco informatico in cui gli hacker creano hotspot Wi-Fi falsi in luoghi pubblici—spesso chiamati "Free_Wifi" o "Starbucks_Guest". Una volta connesso, l'attaccante può intercettare tutto ciò che invii: credenziali di accesso, numeri di carta di credito, email personali e persino traffico VPN se non è correttamente crittografato. Questo è particolarmente pericoloso per chi utilizza il mobile banking, trasferisce file o fa acquisti online mentre è in movimento.

Anche il Bluetooth può essere compromesso. Attacchi come BlueBorne e BlueSnarfing permettono agli hacker di sfruttare le connessioni Bluetooth per rubare file, contatti o persino prendere il controllo del dispositivo—senza alcuna interazione. Tenere il Bluetooth attivo in luoghi affollati come aeroporti, conferenze o concerti aumenta notevolmente l'esposizione.

Il tuo dispositivo è anche una porta d'accesso agli attacchi di ingegneria sociale. I messaggi di phishing inviati tramite SMS (detti "smishing") o app di messaggistica possono sembrare identici a quelli legittimi. Cliccare su un link in un falso avviso di consegna o messaggio bancario può installare malware immediatamente o reindirizzarti a un sito falso che ruba le tue credenziali. Questo è aggravato dal fatto che gli utenti mobili tendono a leggere velocemente e cliccare senza attenzione.

Per rendere tutto ancora più complesso, i sistemi operativi mobili non sono infallibili. Sebbene iOS e Android implementino sandboxing, crittografia e aggiornamenti regolari, queste difese possono essere aggirate tramite jailbreak, software non aggiornato o vulnerabilità zero-day non ancora corrette. Una volta compromesso, il dispositivo può trasformarsi in uno strumento di sorveglianza—registrando ogni digitazione, sbloccando password e trasmettendo dati senza che tu lo sappia.

In sintesi, i dispositivi mobili sono veri e propri scrigni di dati—rendendoli obiettivi di alto valore sia per hacker che per aziende affamate di dati. Le minacce sono reali, costanti e in evoluzione. Ma questo non significa che tu sia indifeso. Nei prossimi capitoli analizzeremo strumenti e tecniche specifiche per proteggerti: dai permessi delle app alla crittografia, fino alle app di messaggistica sicura, VPN mobili e rilevamento delle minacce in tempo reale.

Per ora, ricorda questo: se non lasceresti il tuo portafoglio, il passaporto o il diario incustoditi in pubblico, non farlo nemmeno digitalmente. Il tuo smartphone è tutte queste cose—e molto di più.

Storia di Carlos sul crimine informatico mobile

Carlos era appena atterrato a New York dopo un viaggio di lavoro a Città del Messico. Mentre attraversava l'aeroporto JFK, aprì il telefono per controllare le email, ordinare un Uber e avvisare la moglie del suo arrivo. Era un normale lunedì frenetico—finché non lo fu più.

Quando salì sull'Uber, Carlos notò qualcosa di strano. L'app bancaria lo aveva disconnesso. Pensando a un errore, provò ad accedere inserendo la password. Errata. Poi di nuovo. Ancora errata. Rimase a fissare lo schermo incredulo. Non l'aveva cambiata. Nessun altro la conosceva. E l'aveva usata poche ore prima per prenotare l'hotel.

Cercò di ignorare la cosa e provò ad accedere alla sua email—ma trovò un messaggio: "La tua password è stata cambiata. Se non sei stato tu, clicca qui." Un brivido gli attraversò lo stomaco.

Nel giro di pochi minuti, il telefono iniziò a vibrare senza sosta. La carta di credito segnalava una transazione da 1.500 dollari a Chicago. Poi una notifica: il suo Apple ID era stato accesso da un altro dispositivo. Poi un'altra per Dropbox. Non aveva nemmeno lasciato l'aeroporto e la sua vita digitale stava crollando davanti ai suoi occhi.

Come era successo?

Tre giorni prima, mentre beveva un caffè in un bar tranquillo a Città del Messico, Carlos si era collegato al Wi-Fi gratuito. Era comodo e lo aveva fatto tante volte. Quella mattina aveva caricato documenti sensibili su Google Drive, effettuato l'accesso al conto investimenti e risposto a diverse email di lavoro—tutto su quella rete.

Ciò che Carlos non sapeva era che quella rete non era davvero gratuita—era un hotspot falso creato da un hacker di nome Leo, seduto a pochi tavoli di distanza. Il laptop di Leo eseguiva software di intercettazione, catturando silenziosamente credenziali, email e sessioni da ogni dispositivo connesso.

E non era finita lì. Leo inviò un falso aggiornamento di sistema al telefono Android di Carlos tramite un attacco "man-in-the-middle". Carlos accettò senza pensarci, permettendo inconsapevolmente l'installazione di malware.

Il malware conteneva un keylogger e uno strumento di accesso remoto. Da quel momento, Leo poteva vedere tutto—messaggi, password, persino la fotocamera. Quando Carlos si collegò di nuovo al Wi-Fi pubblico a JFK, il malware trasmise tutti i dati al server dell'hacker.

A casa, Carlos cercò di rimediare. Cambiò password, contattò la banca, bloccò il credito e resettò il telefono. Ma il danno era fatto. I suoi dati erano stati compromessi e la sua identità finì nel dark web.

Una settimana dopo, parlò con un esperto di cybersecurity che gli spiegò ogni errore: Wi-Fi pubblico senza VPN, permessi non controllati, Bluetooth sempre attivo e aggiornamenti falsi accettati senza verifica.

Determinato a non essere più una vittima, Carlos iniziò a prendere sul serio la sicurezza mobile. Studiò app crittografate, utilizzò una VPN affidabile e controllò ogni app sul suo telefono.

La sua storia non è unica—è un avvertimento moderno. Ed è il motivo per cui questo libro esiste: aiutarti a capire quanto sei esposto e come riprendere il controllo attraverso consapevolezza, abitudini e strumenti giusti.

Capitolo 2: Comprendere le autorizzazioni delle app e come possono sfruttarti

Ogni volta che installi una nuova app, ti vengono richieste delle autorizzazioni. A volte sono ovvie: un'app di navigazione ha bisogno dell'accesso alla posizione; un'app fotocamera deve utilizzare la fotocamera. Ma cosa succede quando una torcia chiede accesso al microfono? O quando un'app di fotoritocco vuole la tua rubrica? La verità è che le autorizzazioni delle app sono uno degli elementi più trascurati e allo stesso tempo più sfruttati della sicurezza mobile.

Le autorizzazioni sono i ponti tra un'app e le funzioni interne del tuo telefono. Queste includono l'accesso alla posizione, al microfono, alla fotocamera, al calendario, ai messaggi, alle foto, alla cronologia delle chiamate, ai dati biometrici, alla memoria e persino all'attività dello schermo. Ogni autorizzazione, se usata in modo improprio, può diventare una porta d'ingresso per la sorveglianza o il furto di dati. Il problema è che la maggior parte delle persone clicca semplicemente "Consenti" senza pensarci—o peggio, imposta le app su "Consenti sempre" quando basterebbe "Solo durante l'uso dell'app".

Vediamo come queste autorizzazioni vengono comunemente abusate. Un'app apparentemente innocua potrebbe richiedere l'accesso alla posizione e poi vendere silenziosamente i tuoi dati di movimento a inserzionisti o broker di dati. Un'altra potrebbe raccogliere la cronologia degli appunti—il che significa che se hai copiato password o numeri di carte di credito, questi possono essere intercettati. Alcune app richiedono l'accesso agli SMS con la scusa della verifica, ma poi lo utilizzano per intercettare codici di autenticazione a due fattori o inviare spam ai tuoi contatti.

Poi ci sono microfono e fotocamera. Un'app con accesso a entrambi potrebbe teoricamente registrarti o scattare foto senza che tu lo sappia. Sebbene i sistemi operativi richiedano autorizzazioni esplicite, alcune app malevole sfruttano vulnerabilità—soprattutto su dispositivi non aggiornati o modificati. Anche app legittime sono state scoperte mentre registravano il comportamento degli utenti in background con la scusa dell'analisi dei dati.

Le autorizzazioni possono anche cambiare nel tempo. Potresti installare un'app concedendo accessi limitati, ma con un aggiornamento futuro l'app potrebbe richiedere ulteriori autorizzazioni—e se hai gli aggiornamenti automatici attivi, potresti non accorgertene. Questo fenomeno è chiamato "permission creep" ed è estremamente diffuso.

Come riprendere il controllo? Inizia controllando manualmente le autorizzazioni di ogni app. Su Android vai su Impostazioni > Privacy > Gestione autorizzazioni. Su iOS vai su Impostazioni > Privacy e sicurezza e controlla ogni categoria (come Microfono o Fotocamera). Revoca tutte le autorizzazioni che non hanno senso rispetto alla funzione dell'app.

Puoi anche installare strumenti di monitoraggio delle autorizzazioni. App come Bouncer (Android) consentono di concedere autorizzazioni temporanee che scadono automaticamente. Altri strumenti come Jumbo o DuckDuckGo App Tracking Protection bloccano i tracker di terze parti e mostrano come i tuoi dati vengono utilizzati.

Presta attenzione anche a come installi le app. Usa sempre store ufficiali come Google Play o App Store ed evita file APK di terze parti se non sei sicuro della fonte. Prima di installare, controlla lo sviluppatore, le recensioni, il numero di download e la cronologia degli aggiornamenti. Diffida delle app con poche recensioni o copie sospette.

Anche tra le app legittime, valuta alternative che richiedono meno autorizzazioni. Esistono calcolatrici che non necessitano di accesso a internet. App di messaggistica come Signal offrono crittografia end-to-end e limitano l'accesso ai dati. Solo perché un'app è popolare non significa che rispetti la tua privacy.

Un altro passo importante è limitare l'attività in background. Sia iOS che Android permettono di impedire alle app di aggiornarsi o utilizzare la posizione quando non sono in uso. Questo può ridurre drasticamente il tracciamento continuo.

Alla fine, la miglior difesa è la consapevolezza unita a buone abitudini digitali. Controlla il tuo telefono ogni mese: elimina le app inutilizzate, verifica le autorizzazioni e mantieni sistema operativo e app aggiornati. Più controlli ciò che le app possono fare, meno controllo avranno su di te.

Comprendere le autorizzazioni delle app non significa solo modificare impostazioni—significa proteggere i tuoi dati, la tua identità e la tua tranquillità. La comodità della tecnologia mobile non dovrebbe mai avere come prezzo la sorveglianza silenziosa.

Come Ava ha scoperto il prezzo della privacy

Ava amava la fotografia. Come aspirante creatrice di contenuti poco più che ventenne, passava ore a scattare foto e modificarle con le app più trendy. Durante un weekend in Arizona, trovò una nuova app chiamata ProFilter+. Prometteva filtri professionali gratuiti. Senza pensarci, la scaricò e concesse tutte le autorizzazioni.

Tre giorni dopo, qualcosa non andava. La batteria si scaricava rapidamente, il telefono si surriscaldava e comparivano strane richieste di accesso Bluetooth. Iniziò a preoccuparsi.

Controllando le impostazioni, scoprì che l'app aveva accesso a microfono, fotocamera, posizione, contatti e sensori di movimento. Perché un'app di fotoritocco avrebbe bisogno di tutto questo?

Scoprì anche che l'app accedeva alla sua posizione decine di volte al giorno. Poco dopo, un'amica ricevette un messaggio sospetto da un indirizzo collegato ad Ava. A quel punto capì che qualcosa non andava davvero.

Dopo aver contattato un amico esperto di cybersecurity, scoprì che l'app trasmetteva dati a un server remoto. Anche dopo averla eliminata, i dati erano già stati raccolti.

Da quel momento, Ava cambiò completamente abitudini: controlli mensili delle autorizzazioni, ricerca sugli sviluppatori e scelta di app più sicure. Il suo telefono divenne più veloce e sicuro, e lei riacquistò il controllo.

La sua storia dimostra una cosa: basta un solo clic per compromettere la tua privacy. Ma con consapevolezza e attenzione, puoi evitare questi errori e proteggere la tua vita digitale.

Capitolo 3: Rischi del Wi-Fi pubblico, del Bluetooth e del tracciamento della posizione

In un mondo sempre connesso, la comodità mobile ha un prezzo. Le reti Wi-Fi pubbliche, i segnali Bluetooth e i servizi di tracciamento della posizione sono funzionalità progettate per semplificare la vita—ma creano anche vulnerabilità importanti che possono essere sfruttate senza che tu te ne accorga. La sfida sta nel comprendere come funzionano questi strumenti e come possono essere manipolati da hacker, inserzionisti e persino dalle app di cui ti fidi.

Partiamo dal Wi-Fi pubblico, una delle minacce più comuni e pericolose per la sicurezza mobile. Bar, aeroporti, hotel e centri commerciali offrono spesso Wi-Fi gratuito come servizio—ma "gratuito" nasconde spesso un costo. Queste reti sono spesso non protette, il che significa che non utilizzano crittografia per proteggere i dati che invii o ricevi. Qualsiasi informazione trasmessa su siti HTTP—email, password, numeri di carte di credito—può essere intercettata con strumenti semplici. Ancora peggio, gli hacker possono creare hotspot falsi con nomi come "Free_WiFi" o "Starbucks_Guest", che sembrano legittimi ma sono controllati da loro. Una volta connesso, possono intercettare dati, iniettare malware o imitare siti affidabili.

Anche il traffico HTTPS non è completamente sicuro se gli utenti vengono ingannati nell'installare certificati falsi o se vengono sfruttate vulnerabilità del browser. Accedere al banking online, sincronizzare file o entrare in account cloud tramite Wi-Fi pubblico può portare a gravi perdite di dati se non si adottano protezioni adeguate.

Il secondo grande fattore di rischio è il Bluetooth. Molte persone lo lasciano attivo per comodità—per collegarsi a cuffie, auto o smartwatch. Tuttavia, il Bluetooth trasmette costantemente segnali a corto raggio. Dispositivi nelle vicinanze possono rilevarlo e tentare connessioni. Vulnerabilità come BlueBorne hanno dimostrato che gli hacker possono controllare un dispositivo semplicemente essendo nelle vicinanze, senza bisogno di autorizzazioni. Attacchi come il BlueSnarfing permettono di estrarre dati o accedere al sistema del dispositivo.

Spegnere il Bluetooth quando non lo utilizzi è una difesa semplice ma efficace. Non serve tenerlo attivo continuamente, soprattutto in luoghi pubblici come aeroporti o trasporti. Inoltre, disattivarlo migliora anche la durata della batteria.

Il terzo rischio, spesso sottovalutato, è il tracciamento della posizione. Gli smartphone utilizzano GPS, Wi-Fi e antenne cellulari per determinare la tua posizione precisa. Questa funzione è utile per mappe, meteo e servizi di trasporto, ma rappresenta anche un rischio per la privacy.

Molte app raccolgono dati di posizione e li condividono o vendono a terze parti. Alcune monitorano continuamente i tuoi spostamenti, creando un profilo dettagliato delle tue abitudini: dove lavori, dormi o fai acquisti. Questi dati possono essere utilizzati per pubblicità mirata, richiesti legalmente o persino esposti in caso di violazioni.

Per proteggerti, controlla le autorizzazioni di posizione. Consenti l'accesso solo "Durante l'uso dell'app" quando possibile. Disattiva la "Posizione precisa" se non necessaria e limita le app che si aggiornano in background. Puoi anche disattivare funzioni come "Posizioni significative" su iPhone o la cronologia delle posizioni su Android.

Un altro strumento utile è una VPN mobile, che crittografa la connessione internet, soprattutto su Wi-Fi pubblici. Una VPN nasconde il tuo indirizzo IP e protegge la tua attività online. È importante scegliere un servizio affidabile e non gratuito, poiché quelli gratuiti spesso vendono dati o mostrano pubblicità invasive.

Infine, disattiva le impostazioni che permettono la connessione automatica a reti Wi-Fi aperte. Questa funzione può collegarti automaticamente a hotspot pericolosi senza che tu lo sappia.

In sintesi, la capacità del tuo smartphone di connettersi a reti, dispositivi e satelliti è un'arma a doppio taglio. Offre comodità e velocità, ma espone anche a minacce reali se non gestita correttamente. Utilizzando consapevolmente Wi-Fi, Bluetooth e servizi di posizione, puoi ridurre drasticamente i rischi e proteggere i tuoi dati.

L'obiettivo non è avere paura di queste tecnologie—ma usarle con intelligenza. Nel prossimo capitolo vedremo come configurare il tuo smartphone per la massima sicurezza.

La storia di Jordan e l'app bancaria

Jordan era un nomade digitale, un designer freelance che lavorava tra Bali, Lisbona e aeroporti di tutto il mondo. Il suo telefono era tutto per lui: contratti, progetti, app bancarie e comunicazioni. Ma, nonostante la sua esperienza tecnologica, trascurava la sicurezza per comodità.

Un giorno in Thailandia, si collegò al Wi-Fi gratuito di un bar e controllò il suo conto. Più tardi, ricevette notifiche di transazioni non autorizzate. Il suo conto era stato compromesso.

Scoprì che si era collegato a una rete falsa, quasi identica a quella reale. L'hacker aveva intercettato i dati e rubato le credenziali in tempo reale. Inoltre, con il Bluetooth attivo, l'attaccante era riuscito a estrarre dati dal dispositivo.

Peggio ancora, il tracciamento della posizione mostrava tutti i suoi movimenti dettagliati. La sua vita era stata completamente esposta.

Dopo l'incidente, Jordan adottò misure di sicurezza: VPN, controllo delle autorizzazioni, disattivazione del Bluetooth e attenzione alle reti Wi-Fi. Trasformò l'esperienza in una lezione per altri freelance.

La sua storia dimostra che la connettività senza cautela è come lasciare la porta di casa aperta. La sicurezza non significa rinunciare alla tecnologia—ma usarla in modo intelligente e consapevole.

Capitolo 4: Proteggere il tuo smartphone – Impostazioni, strumenti e migliori pratiche

Proteggere il tuo smartphone inizia con un cambiamento di mentalità: il tuo telefono non è solo un dispositivo—è la tua identità, il tuo portafoglio e la tua vita privata racchiusi in un unico oggetto che porti ovunque. Ogni tocco, download o scorrimento apre una nuova opportunità—per la produttività o per lo sfruttamento. Fortunatamente, gli smartphone moderni includono potenti sistemi di protezione integrati—devi solo utilizzarli correttamente. Questo capitolo offre una guida passo dopo passo per mettere in sicurezza il tuo telefono utilizzando impostazioni intelligenti, strumenti gratuiti e abitudini comprovate.

Inizia dalla schermata di blocco, la tua prima linea di difesa. Usa un PIN forte di almeno sei cifre o, meglio ancora, una password alfanumerica invece del classico codice a quattro cifre. L'autenticazione biometrica—come Face ID o impronta digitale—è comoda, ma deve sempre essere accompagnata da un codice sicuro. Evita pattern di sblocco o sistemi basati solo sulla fotocamera frontale, perché possono essere aggirati.

Disattiva anche le anteprime delle notifiche nella schermata di blocco per app sensibili come email, messaggi o app bancarie.

Attiva gli aggiornamenti automatici. Sia Android che iOS rilasciano regolarmente aggiornamenti di sicurezza fondamentali. Abilita l'installazione automatica per mantenere sistema operativo e app sempre aggiornati. Un dispositivo non aggiornato è uno dei più vulnerabili, soprattutto con la crescente scoperta di vulnerabilità zero-day.

Un'impostazione spesso ignorata è la revisione delle autorizzazioni delle app. Ogni mese controlla quali app hanno accesso a fotocamera, microfono, contatti, calendario e posizione. Chiediti: questa app ha davvero bisogno di questo accesso? In caso contrario, revocalo. Su Android vai su Impostazioni > Privacy > Gestione autorizzazioni. Su iOS vai su Impostazioni > Privacy e sicurezza.

Per proteggere i dati salvati sul dispositivo, attiva la crittografia. Gli iPhone la utilizzano automaticamente. Su Android, vai su Impostazioni > Sicurezza > Crittografia e attiva la crittografia completa se disponibile. Questo assicura che, anche in caso di furto, i dati non siano accessibili senza il codice.

Un'altra abitudine fondamentale è il backup regolare. Usa backup crittografati su cloud o locali. Evita app di terze parti non affidabili. In caso di perdita o attacco, il backup è la tua rete di sicurezza.

Per la comunicazione, evita gli SMS tradizionali per contenuti sensibili. Usa app con crittografia end-to-end come Signal, WhatsApp o Telegram (con chat segrete attive). Signal è tra le più sicure, perché non conserva metadati o messaggi. Attiva anche messaggi temporanei e blocco biometrico.

Installa una VPN affidabile, soprattutto se utilizzi Wi-Fi pubblici. Una VPN crittografa il traffico e protegge da hacker e provider internet. Scegli servizi affidabili a pagamento e con politica "no-log".

Gli utenti Android possono utilizzare firewall come NetGuard o TrackerControl per monitorare le connessioni delle app. Gli utenti iOS possono usare app come Lockdown Privacy o Guardian Firewall per proteggere i dati.

Disattiva il tracciamento pubblicitario. Su iOS vai su Impostazioni > Privacy e sicurezza > Tracciamento e disattiva le richieste di tracciamento. Su Android vai su Google > Annunci e disattiva la personalizzazione. Reimposta periodicamente l'ID pubblicitario.

Per maggiore sicurezza, disattiva funzioni come AirDrop, NFC e condivisione nelle vicinanze quando non servono. Anche Bluetooth e Wi-Fi dovrebbero essere spenti quando non utilizzati, soprattutto in ambienti pubblici.

Attiva "Trova il mio dispositivo" o "Trova il mio iPhone" per localizzare, bloccare o cancellare il telefono da remoto in caso di perdita. Configuralo subito su ogni nuovo dispositivo.

Queste impostazioni richiedono poco tempo, ma possono evitarti anni di problemi, perdite finanziarie e violazioni della privacy. Il tuo telefono sarà più veloce, più sicuro e sotto il tuo controllo.

Nel prossimo capitolo vedremo come proteggere comunicazioni e file personali con strumenti avanzati.

La storia di Riley

Riley aveva sempre pensato che il suo iPhone fosse sicuro. Non cliccava link sospetti e manteneva poche app. Ma dopo un seminario sulla sicurezza informatica, capì quanto si sbagliava.

Un esperto dimostrò quanto fosse facile accedere a un telefono con impostazioni deboli. Riley tornò a casa preoccupata e iniziò a controllare il suo dispositivo.

Cambiò il codice con una password complessa, revocò autorizzazioni inutili e scoprì app che tracciavano la sua posizione senza motivo.

Passò a Signal per la messaggistica, eliminò reti Wi-Fi salvate, disattivò connessioni automatiche e installò una VPN.

Disattivò Bluetooth quando non necessario, bloccò il tracciamento pubblicitario e disabilitò la cronologia delle posizioni.

Attivò "Trova il mio iPhone", configurò backup crittografati e installò un firewall mobile.

Il risultato? Un telefono più veloce, più sicuro e finalmente sotto il suo controllo.

Quando un'amica ebbe problemi di sicurezza, Riley la aiutò a fare lo stesso. Da quel momento, trasformò la sicurezza digitale in un'abitudine mensile.

Proteggere il tuo smartphone non è solo tecnologia—è tranquillità.

Capitolo 5: Proteggere file personali, foto e dati nel cloud

Il tuo smartphone è molto più di un dispositivo di comunicazione—è una vera e propria cassaforte personale. Contiene migliaia di foto, documenti privati, documenti d'identità scansionati, contratti, dati finanziari e persino note sensibili. Questa comodità lo rende anche un bersaglio di alto valore per furti, attacchi informatici e sorveglianza. Se i tuoi file, le tue foto o i tuoi account cloud vengono compromessi, le conseguenze possono essere devastanti: furto d'identità, estorsione, perdite finanziarie e stress emotivo.

Il primo passo per proteggere i tuoi dati personali è capire come vengono archiviati e condivisi. La maggior parte degli utenti si affida a servizi cloud come iCloud, Google Drive, OneDrive o Dropbox per salvare e fare backup dei file. Questi servizi sono efficienti, ma non immuni da attacchi o violazioni. Un accesso non autorizzato può esporre l'intera tua vita digitale, soprattutto se riutilizzi password o non utilizzi l'autenticazione a due fattori.

Inizia proteggendo i tuoi account cloud con password forti e uniche e attivando l'autenticazione a due fattori (2FA). Evita, se possibile, la 2FA via SMS, che può essere intercettata tramite SIM swapping. Usa invece app come Authy, Google Authenticator o Microsoft Authenticator. Per un livello ancora superiore, puoi utilizzare una chiave di sicurezza fisica come YubiKey.

Controlla anche le autorizzazioni di condivisione dei file nel cloud. Spesso dimentichiamo che un documento condiviso tempo fa potrebbe essere ancora accessibile tramite link pubblico. Accedi alle impostazioni del tuo cloud e revoca l'accesso ai file che non devono più essere condivisi. Evita l'opzione "chiunque abbia il link può visualizzare" se non è strettamente necessario.

Cripta i file sensibili prima di caricarli nel cloud. Strumenti come Cryptomator, VeraCrypt o 7-Zip permettono di proteggere i file con password. In questo modo, anche in caso di violazione, i dati resteranno illeggibili senza la chiave di decrittazione.

Sul telefono, utilizza app di archiviazione sicura per foto e documenti privati. Queste creano contenitori criptati protetti da password o biometria. Esempi includono Keepsafe, Folder Lock o Proton Drive. Assicurati che siano aggiornate e ben protette.

Per proteggere le foto, disattiva il backup automatico per le cartelle sensibili se non ti fidi completamente del servizio cloud. Controlla cosa viene sincronizzato e considera l'uso di un vault privato per documenti importanti come carte d'identità o ricevute.

Fai attenzione anche alle app scanner. Molte caricano automaticamente i documenti su server cloud. Scegli app che offrono archiviazione locale e crittografia end-to-end.

Effettua backup regolari offline su dispositivi crittografati come hard disk esterni o schede SD. Il cloud è utile ma non infallibile—file possono essere cancellati, corrotti o bloccati da ransomware. Un backup offline è l'ultima linea di difesa.

Controlla inoltre le autorizzazioni delle app. Alcune app richiedono accesso completo a file e galleria. Verifica se è davvero necessario o se esistono alternative più rispettose della privacy.

Per maggiore sicurezza, puoi installare app di sicurezza mobile con funzioni anti-furto e rilevamento violazioni. Questi strumenti possono avvisarti se i tuoi dati compaiono in fughe di dati e permettere la cancellazione remota del dispositivo.

In definitiva, proteggere i tuoi file personali si basa su un principio semplice: se per te è importante, lo è anche per qualcun altro. Tratta ogni documento come il tuo portafoglio o passaporto: proteggilo, criptalo e controlla dove viene archiviato.

Nel prossimo capitolo analizzeremo come proteggere comunicazioni e chiamate con strumenti avanzati.

La storia dell'email sospetta di Natasha

Natasha era un'avvocatessa freelance di successo che gestiva tutto digitalmente: contratti, documenti e dati dei clienti salvati su Google Drive, iCloud e Dropbox. Ma un giorno ricevette un'email sospetta che segnalava un accesso al suo account dalla Russia.

Pensando fosse phishing, controllò comunque—e scoprì che l'accesso era reale. Qualcuno aveva scaricato file sensibili. Poco dopo, ricevette una richiesta di riscatto di 5.000 dollari in criptovaluta.

L'indagine rivelò che Natasha aveva riutilizzato password e non aveva attivato la 2FA. Questo rese facile l'accesso al suo account.

Dopo l'incidente, attivò la 2FA con chiave fisica, criptò i file sensibili e cambiò le sue abitudini. Smise di sincronizzare automaticamente documenti sensibili e iniziò a utilizzare strumenti più sicuri.

Pulì anche la sua galleria fotografica, eliminò contenuti sensibili e installò un vault privato protetto da biometria.

Alla fine, creò backup offline crittografati e rese il suo sistema molto più sicuro.

La sua esperienza divenne una lezione per altri imprenditori: non aspettare una violazione per proteggere i tuoi dati.

La sua conclusione: "Se è importante abbastanza da conservarlo, è importante abbastanza da proteggerlo."

Capitolo 6: Messaggistica, chiamate e videochiamate sicure su dispositivi mobili

I messaggi di testo, le chiamate vocali e le videochiamate sono i modi più comuni con cui le persone comunicano tramite smartphone. Tuttavia, ciò che molti non sanno è che queste conversazioni non sono sempre private. Dalle app di messaggistica predefinite non sicure alle piattaforme video non crittografate e ai provider telefonici che registrano dati, le comunicazioni mobili sono più esposte di quanto si pensi. In un'epoca di sorveglianza digitale, proteggere le proprie conversazioni non è un lusso—è una necessità.

Iniziamo dagli SMS. Gli SMS sono uno dei metodi di comunicazione meno sicuri. I messaggi vengono trasmessi in chiaro e possono essere intercettati da operatori telefonici, autorità o hacker. In molti paesi, i registri degli SMS vengono conservati per mesi o anni. Se la privacy è importante per te, gli SMS dovrebbero essere utilizzati solo per comunicazioni non sensibili.

La soluzione è passare ad app di messaggistica con crittografia end-to-end, dove solo mittente e destinatario possono leggere i messaggi. Le principali opzioni includono:

Signal: considerata una delle app più sicure. Open-source, senza pubblicità, non raccoglie metadati e offre messaggi temporanei e chiamate criptate.
WhatsApp: utilizza crittografia end-to-end ma raccoglie metadati su contatti e attività.
Telegram: offre crittografia end-to-end solo nelle chat segrete (non attiva di default).
Threema e Wire: meno diffuse ma molto sicure e orientate alla privacy.

Passiamo alle chiamate vocali e video. Le chiamate standard tramite operatore non sono crittografate end-to-end e possono essere intercettate. Per comunicazioni private, usa app come Signal, WhatsApp o FaceTime, che offrono crittografia completa.

Fai attenzione anche alle autorizzazioni. Molte app richiedono accesso a microfono e fotocamera anche quando non sono in uso. Controlla nelle impostazioni se vengono utilizzati in background. iOS e Android mostrano indicatori quando microfono o fotocamera sono attivi. Limita l'accesso solo alle app necessarie.

Per le videoconferenze (Zoom, Google Meet, Microsoft Teams), non tutte le piattaforme offrono crittografia completa. Alcune la riservano agli utenti premium o raccolgono molti metadati.

Per conversazioni sensibili, considera alternative più sicure come Signal o Jitsi Meet.

Per maggiore protezione, puoi utilizzare numeri temporanei o anonimi tramite app come Burner o Hushed, utili per situazioni ad alto rischio.

Attenzione anche agli attacchi di ingegneria sociale. I truffatori possono impersonare contatti fidati e indurti a cliccare link o condividere informazioni. Verifica sempre richieste urgenti, soprattutto se coinvolgono denaro o dati sensibili.

Per rafforzare la sicurezza, attiva la verifica in due fattori su tutte le app di messaggistica, usa codici PIN e attiva messaggi che si autodistruggono. Alcune app permettono anche di proteggere le chat con biometria.

Controlla anche i backup dei messaggi. Alcune app salvano i dati su cloud non crittografati, anche se i messaggi sono protetti. Disattiva i backup o utilizza quelli crittografati.

In sintesi, comunicare in modo sicuro richiede più della scelta di un'app. Serve consapevolezza, controllo delle autorizzazioni e buone abitudini digitali. Ogni messaggio può restare privato—oppure diventare un rischio.

Nel prossimo capitolo analizzeremo le minacce delle app malevole e dello spyware nascosto.

La storia di Lena

Lena lavorava nel giornalismo investigativo e gestiva informazioni sensibili. Tuttavia, utilizzava SMS e chiamate standard senza protezioni. Un giorno ricevette un avviso: qualcuno potrebbe monitorarla.

Dopo comportamenti strani del telefono, consultò un esperto che le spiegò che le sue comunicazioni non erano sicure. I suoi messaggi e chiamate potevano essere intercettati.

Passò subito a Signal, attivò autenticazione a due fattori e limitò l'accesso a microfono e fotocamera. Disattivò anche backup non crittografati.

Per conversazioni sensibili, iniziò a usare numeri temporanei e strumenti più sicuri.

Quando pubblicò la sua inchiesta, le sue fonti rimasero protette.

La sua lezione: proteggere le comunicazioni è fondamentale tanto quanto proteggere i dati.

Capitolo 7: Trappole delle app mobili, malware e minacce spyware

Non tutte le app mobili sono ciò che sembrano. Alcune si presentano come strumenti utili, giochi o piattaforme di intrattenimento—ma dietro le quinte raccolgono dati, installano software di tracciamento o funzionano addirittura come spyware. Lo smartphone moderno è diventato una miniera d'oro sia per gli sviluppatori che per gli attaccanti, e gli utenti che non riconoscono queste trappole rischiano sorveglianza, furto d'identità o peggio. In questo capitolo analizziamo le minacce più comuni legate alle app e come proteggerti.

Partiamo dalle app dannose. Si tratta di applicazioni che sembrano legittime ma sono progettate per rubare dati, installare malware o controllare il dispositivo. Si trovano spesso su store di terze parti o siti sospetti che offrono file APK, ma alcune riescono persino a entrare negli store ufficiali camuffate da torce, sfondi o strumenti utili. Una volta installate, richiedono autorizzazioni eccessive e iniziano a inviare dati a server remoti o a monitorare il comportamento dell'utente.

Una delle minacce più pericolose è lo spyware (o stalkerware). Queste app monitorano in modo invisibile posizione, messaggi, chiamate, foto, microfono e fotocamera senza che tu lo sappia. Possono essere installate da chi ha accesso fisico al dispositivo e spesso rimangono nascoste, usando nomi generici come "Servizi di sistema" per non essere rilevate.

Per difenderti, controlla regolarmente le app installate. Se trovi applicazioni sconosciute o con autorizzazioni sospette, rimuovile immediatamente. Su Android vai su Impostazioni > App, su iPhone su Impostazioni > Generali > Spazio iPhone. Controlla anche i privilegi di amministratore del dispositivo, perché alcune app malevole ottengono accessi avanzati.

Installa software di sicurezza affidabili come Bitdefender, Malwarebytes, Norton o Avast. Questi strumenti possono rilevare spyware, malware e attività sospette, inclusi accessi non autorizzati a microfono e fotocamera.

Scarica app solo da fonti ufficiali e verifica sempre sviluppatore, recensioni e autorizzazioni richieste. Diffida di app con descrizioni generiche, recensioni sospette o richieste di accesso non giustificate.

Fai particolare attenzione alle app gratuite che richiedono accesso a contatti, file o cronologia. Spesso guadagnano vendendo i tuoi dati. Se una torcia chiede accesso a microfono e fotocamera, è un chiaro segnale di rischio.

Disattiva l'installazione da fonti sconosciute. Su Android vai su Impostazioni > Accessi speciali > Installa app sconosciute e disabilita questa opzione.

Monitora il comportamento del dispositivo. Batteria che si scarica rapidamente, surriscaldamento, uso dati anomalo o notifiche strane possono indicare la presenza di malware.

Se sospetti un'infezione, esegui un backup sicuro, ripristina il telefono alle impostazioni di fabbrica e reinstalla solo app affidabili.

Educa anche chi ti sta intorno. Molte persone installano app senza verificare nulla. Aiutale a configurare correttamente i dispositivi e a riconoscere i rischi.

In un mondo con milioni di app disponibili, la tua migliore difesa è la vigilanza. Ogni app può proteggere la tua privacy—oppure comprometterla.

Nel prossimo capitolo parleremo della sicurezza fisica del dispositivo e cosa fare in caso di furto o smarrimento.

La storia di Tasha

Tasha era un'insegnante che scaricò un'app gratuita per organizzare il lavoro. Sembrava perfetta, con ottime recensioni.

Dopo qualche giorno, il telefono iniziò a comportarsi in modo strano: batteria scarica, notifiche insolite e pubblicità sospette.

Un controllo rivelò che l'app era spyware. Stava raccogliendo contatti, audio, posizione e dati copiati negli appunti. Inoltre, aveva accesso amministrativo al dispositivo.

Dopo un reset completo, Tasha imparò a controllare app e autorizzazioni. Scoprì altre app sospette e le eliminò.

In seguito, condivise la sua esperienza con altri genitori e insegnanti, aiutandoli a evitare gli stessi errori.

La sua lezione: le minacce più pericolose non sembrano pericolose—sembrano utili.

Capitolo 8: Cosa fare se il tuo telefono viene perso, rubato o sequestrato

Perdere il telefono non è più solo un inconveniente—può diventare una vera emergenza digitale. Che il dispositivo venga smarrito, rubato o sequestrato, la tua vita privata può essere esposta in pochi minuti se non hai le giuste protezioni. Contatti, app bancarie, foto, messaggi, account social e password possono diventare accessibili. Tuttavia, con la giusta preparazione e una risposta rapida, puoi ridurre i danni o evitarli completamente.

Passo 1: Prepararsi prima che accada

Il momento migliore per proteggere i tuoi dati è prima che il telefono venga perso. Attiva le funzioni di localizzazione e cancellazione remota:

Su iPhone: Impostazioni > [Nome] > Dov'è > Trova il mio iPhone, attivando anche "Invia ultima posizione".

Su Android: Impostazioni > Sicurezza > Trova il mio dispositivo.

Questi strumenti ti permettono di localizzare, bloccare o cancellare il telefono a distanza.

Assicurati anche che la schermata di blocco sia sicura: usa un codice complesso, disattiva le anteprime delle notifiche e rimuovi accessi rapidi a funzioni sensibili.

Passo 2: Attivare crittografia e cancellazione automatica

La crittografia protegge i dati anche se il dispositivo viene fisicamente manipolato. Sugli iPhone è attiva automaticamente, mentre su Android va verificata nelle impostazioni di sicurezza.

Puoi anche attivare la cancellazione automatica dei dati dopo più tentativi di sblocco falliti.

Passo 3: Agire immediatamente

Se perdi il telefono:

Usa “Trova il mio iPhone” o “Trova il mio dispositivo” per localizzarlo.

Attiva la modalità smarrito/blocco remoto con un messaggio di contatto.

Se non recuperabile, esegui la cancellazione remota dei dati.

Cambia subito tutte le password importanti, iniziando da email e cloud.

Contatta il tuo operatore per disattivare la SIM.

Denuncia il furto alle autorità fornendo IMEI e dettagli del dispositivo.

Passo 4: Protezione in caso di sequestro

In situazioni particolari (viaggi, controlli, indagini), il telefono può essere sequestrato.

Usa codici complessi invece di biometria.

Utilizza app sicure come Signal con protezioni aggiuntive.

Disattiva temporaneamente sincronizzazioni cloud sensibili.

Valuta l'uso di un telefono secondario con dati limitati.

Passo 5: Dopo il recupero

Se recuperi il dispositivo:

Controlla accessi non autorizzati.

Rivedi le autorizzazioni delle app.

Cambia tutte le password.

Esegui un reset completo se sospetti manomissioni.

Bonus: salva i dati del dispositivo

Annota e conserva:

IMEI (digitando *#06#)

Modello e numero di serie

Ricevuta di acquisto

Backup recente e crittografato

In sintesi, il tuo telefono può essere una risorsa o una vulnerabilità. Prepararti oggi può evitarti problemi legali, finanziari ed emotivi domani.

Nel prossimo capitolo parleremo della sicurezza mobile per famiglie e bambini.

La storia di Raj

Raj perse il suo telefono dopo una giornata di lavoro. Conteneva tutto: dati bancari, contatti e accessi importanti.

Fortunatamente, aveva attivato il tracciamento. Localizzò il dispositivo, lo bloccò e poi lo cancellò da remoto quando perse il segnale.

Successivamente cambiò tutte le password e disattivò la SIM, evitando ulteriori danni.

Dopo l'esperienza, migliorò la sicurezza del suo nuovo telefono con codice complesso, app criptate e backup sicuri.

La sua lezione: il telefono non è solo un oggetto—è la tua vita digitale, e va protetto come tale.

Capitolo 9: Sicurezza mobile per famiglie e bambini

Nel mondo connesso di oggi, i dispositivi mobili sono diventati una parte essenziale della vita familiare. I bambini utilizzano smartphone e tablet per studiare, divertirsi e comunicare—spesso fin da piccoli. Sebbene la tecnologia offra enormi vantaggi, espone anche a rischi reali: predatori online, contenuti inappropriati, cyberbullismo, dipendenza, tracciamento dei dati e violazioni della privacy. Come genitore o tutore, proteggere l'esperienza digitale dei più giovani è una delle responsabilità più importanti.

Il primo passo è comprendere il panorama delle minacce. I bambini non sono solo utenti passivi—sono veri bersagli. App malevole, acquisti in-app, algoritmi social e persino altri utenti possono sfruttare la loro curiosità. Spesso non comprendono le conseguenze della condivisione di informazioni personali o del download di giochi che tracciano il loro comportamento.

La base di tutto è la comunicazione aperta. I bambini devono capire che lo smartphone è un privilegio che comporta responsabilità. Spiega che i rischi online sono reali, proprio come quelli nel mondo fisico, e che sei lì per proteggerli, non per controllarli. Questo crea fiducia e favorisce il dialogo.

Successivamente, implementa controlli parentali e restrizioni adeguate all'età:
Su iOS, utilizza "Tempo di utilizzo" per limitare app, contenuti e tempo di utilizzo.
Su Android, usa Family Link per approvare download, monitorare attività e impostare limiti.
Attiva SafeSearch su Google e YouTube e, per i più piccoli, utilizza versioni dedicate come YouTube Kids.

Puoi anche utilizzare strumenti di sicurezza familiare come Qustodio, Norton Family, Bark o Net Nanny per filtrare contenuti e ricevere avvisi su comportamenti sospetti—senza invadere completamente la privacy dei bambini.

Insegna ai bambini la privacy dei dati fin da subito. Devono sapere di non condividere mai nome completo, indirizzo, scuola o foto con sconosciuti. Spiega anche cosa significa "tracciamento" e come alcune app raccolgono informazioni personali.

Disattiva il tracciamento della posizione per la maggior parte delle app e limita Bluetooth e condivisione nelle vicinanze. Queste funzioni possono essere sfruttate per inviare contenuti indesiderati o monitorare i movimenti.

Parla apertamente di cyberbullismo. I bambini devono sapere come bloccare e segnalare utenti e sentirsi sempre sicuri nel parlare con te se qualcosa li mette a disagio.

Stabilisci regole chiare sull'uso dello schermo. L'uso eccessivo può influire su sonno, attenzione e salute mentale. Definisci zone senza schermo (come la camera da letto) e orari di utilizzo limitati.

Usa strumenti di monitoraggio per educare, non per controllare. I report settimanali aiutano i bambini a capire le proprie abitudini e sviluppare autocontrollo.

Rafforza la sicurezza anche a livello fisico:
Usa password robuste o biometria
Blocca acquisti non autorizzati
Mantieni i dispositivi aggiornati
Conserva dati sensibili su dispositivi separati controllati dai genitori

Infine, dai il buon esempio. I bambini imparano osservando. Se ignori la privacy o usi troppo il telefono, faranno lo stesso. Trasforma la sicurezza digitale in un valore familiare condiviso.

In sintesi, l'obiettivo non è isolare i bambini dalla tecnologia, ma fornire loro strumenti, regole e consapevolezza per usarla in modo sicuro. Con il tempo, potranno acquisire autonomia basata su fiducia e responsabilità.

Nel prossimo capitolo esploreremo il futuro della sicurezza mobile e come restare sempre un passo avanti.

Perché Monica ha installato Family Link

Monica, madre single, acquistò uno smartphone per il figlio Leo. All'inizio tutto sembrava normale, ma presto notò cambiamenti nel suo comportamento e scoprì che comunicava con sconosciuti tramite un gioco online.

Preoccupata, configurò controlli parentali con Family Link, limitò app e tempo di utilizzo e spiegò a Leo i rischi della condivisione online.

Con il tempo, Leo imparò a usare il telefono in modo più consapevole e sicuro, sviluppando buone abitudini digitali.

La lezione: la sicurezza non è solo tecnologia—è comunicazione, educazione e fiducia.

Capitolo 10: Il futuro della sicurezza mobile – Tendenze, minacce e come restare un passo avanti

La sicurezza mobile non è più opzionale—è una necessità in continua evoluzione. Man mano che gli smartphone diventano sempre più potenti e integrati nella nostra vita quotidiana, anche le minacce diventano più sofisticate, persistenti e invisibili. Comprendere cosa ci aspetta è fondamentale per restare un passo avanti rispetto ad hacker, algoritmi manipolativi e sistemi di sorveglianza. In questo capitolo finale esploriamo le tendenze future, i rischi emergenti e come proteggere la tua vita digitale nel lungo termine.

Uno dei cambiamenti più importanti è l'ascesa dell'intelligenza artificiale (IA) sia negli attacchi che nelle difese. I criminali informatici utilizzano l'IA per automatizzare phishing, creare messaggi realistici e analizzare i comportamenti degli utenti per attacchi mirati. Audio e video deepfake stanno diventando strumenti potenti per l'impersonificazione.

Dall'altra parte, l'IA viene utilizzata anche per la difesa: rilevamento delle minacce in tempo reale, analisi comportamentale e prevenzione delle fughe di dati. Funzioni come autenticazione biometrica avanzata e firewall intelligenti diventeranno standard.

Un'altra minaccia emergente sono gli attacchi "zero-click". Non richiedono alcuna azione da parte dell'utente: una chiamata persa o un messaggio possono installare malware. Questi attacchi sfruttano vulnerabilità sconosciute nei sistemi operativi.

Per difendersi: mantieni sempre aggiornato il dispositivo, disattiva servizi non utilizzati e limita l'esposizione utilizzando app sicure.

Cresce anche lo spyware avanzato e la sorveglianza governativa. Strumenti sofisticati possono compromettere dispositivi anche ben protetti. La risposta sarà l'uso di hardware sicuro, chiavi fisiche e sistemi operativi orientati alla privacy.

Anche l'autenticazione biometrica evolverà: non solo impronte o volto, ma comportamenti come il modo di digitare o muoversi. Questo migliora la sicurezza ma solleva questioni etiche sulla privacy.

I portafogli digitali e le identità mobili diventeranno sempre più diffusi. Il telefono conterrà documenti, carte e credenziali.

Questo aumenta il rischio in caso di perdita o compromissione, rendendo essenziali backup crittografati e protezioni avanzate.

Con l'espansione del 5G e dei dispositivi connessi, aumenteranno anche le superfici di attacco. Non sarà più solo il telefono a essere vulnerabile, ma l'intero ecosistema digitale.

Come proteggerti nel futuro:
Rimani aggiornato sulle minacce
Riduci la tua impronta digitale
Usa sicurezza a più livelli (VPN, crittografia, autenticazione forte)
Mantieni backup offline
Controlla le tue identità digitali
Verifica regolarmente impostazioni e autorizzazioni

Il futuro della sicurezza mobile non consiste nell'eliminare ogni rischio, ma nel prendere decisioni intelligenti e mantenere abitudini corrette. La consapevolezza è la tua difesa più forte.

La storia della famiglia di Julian e Maya

Julian e Maya vivevano in una casa altamente tecnologica, con dispositivi connessi per ogni attività. Dopo aver visto un documentario sullo spyware, decisero di controllare la loro sicurezza digitale.

Scoprirono dispositivi non aggiornati, impostazioni vulnerabili e tracciamento attivo. Aggiornarono tutto, passarono a comunicazioni criptate e implementarono chiavi di sicurezza fisiche.

Disattivarono tracciamento pubblicitario, limitarono accessi alle app e introdussero VPN e browser sicuri. Insegnarono anche ai figli l'importanza della privacy digitale.

Dopo queste modifiche, non vissero più nella paura, ma con maggiore controllo e consapevolezza.

La loro lezione: la sicurezza non è un'azione unica, ma un'abitudine quotidiana.

La sicurezza non è una destinazione—è una pratica

Sei arrivato alla fine di questo libro, ma il tuo percorso verso la sicurezza mobile è appena iniziato.

Viviamo in un mondo in cui i nostri telefoni sono molto più che semplici strumenti—sono estensioni digitali di noi stessi. Sanno dove andiamo, con chi parliamo, cosa cerchiamo, come spendiamo e persino cosa pensiamo quando nessuno ci osserva. E proprio perché sanno così tanto, devono essere protetti con la stessa urgenza, attenzione e cura che riserviamo alle nostre case, alle nostre famiglie e alla nostra identità.

In questo libro abbiamo esplorato ogni livello della protezione mobile—dalle impostazioni della schermata di blocco ai messaggi crittografati, dalla revisione delle autorizzazioni delle app fino all'identificazione di spyware e minacce remote. Ora sai che le minacce non si presentano sempre come tali. Spesso si nascondono sotto forma di comodità, download gratuiti o impostazioni predefinite lasciate invariate.

Hai anche compreso che l'obiettivo della sicurezza non è creare paura o paranoia—ma libertà. Quando prendi il controllo del tuo dispositivo, dei tuoi dati e delle tue abitudini digitali, ti muovi nel mondo con maggiore sicurezza, chiarezza e tranquillità.

Hai imparato a:

Rafforzare il tuo telefono con impostazioni intelligenti

Scegliere gli strumenti di messaggistica e video più sicuri per una vera privacy

Proteggere foto, file e dati nel cloud da perdite e violazioni

Identificare e rimuovere app dannose o manipolative

Prepararti a emergenze come furto, sequestro o smarrimento del dispositivo

Guidare la tua famiglia e i tuoi figli verso un uso digitale sicuro

Restare un passo avanti rispetto alle minacce future grazie a buone abitudini, strumenti e consapevolezza

Soprattutto, hai imparato che la sicurezza non è una destinazione—è una pratica. Dovrai rivedere le tue impostazioni, aggiornare i tuoi strumenti e continuare a formarti man mano che la tecnologia evolve. Ciò che è sicuro oggi potrebbe non esserlo domani. Ma con la giusta mentalità, sarai pronto ad adattarti e prosperare.

La serie Cyber Shield Academy esiste proprio per questo: aiutarti a sviluppare una vera alfabetizzazione digitale in un'epoca di distrazione, manipolazione e sorveglianza nascosta.

Grazie per aver scelto di apprendere queste conoscenze. Se hai trovato utile questo libro, condividilo con qualcuno a cui tieni. Un amico. Un genitore. Un adolescente. Un collega. La sicurezza digitale riguarda tutti—e diffondere consapevolezza significa non solo proteggere te stesso, ma contribuire a creare un mondo più sicuro per tutti.

Rimani vigile. Proteggi la tua privacy. E ricorda: **il potere è nelle tue mani—ma anche il rischio. Proteggi entrambi.**

www.ingramcontent.com/pod-product-compliance
Lightning Source LLC
LaVergne TN
LVHW022029200926
848481LV00007B/2607